si economici nel giornale del 24 corrente Oh trovato il seguente articolo di ricerca.
trovato il seguente articolo di ricerca. Si cerca un giovane da poco tempo
cerca un giovane da poco tempo Venuto dall'Italia per lavorare in una
nto dall'Italia per lavorare in una grosseria all'Ingrosso. Dirigersi da
seria all'Ingrosso. Dirigersi da Pasquale Ginetto. 1080 10.9th. st. 24-9-7530 Te

Iris Folding

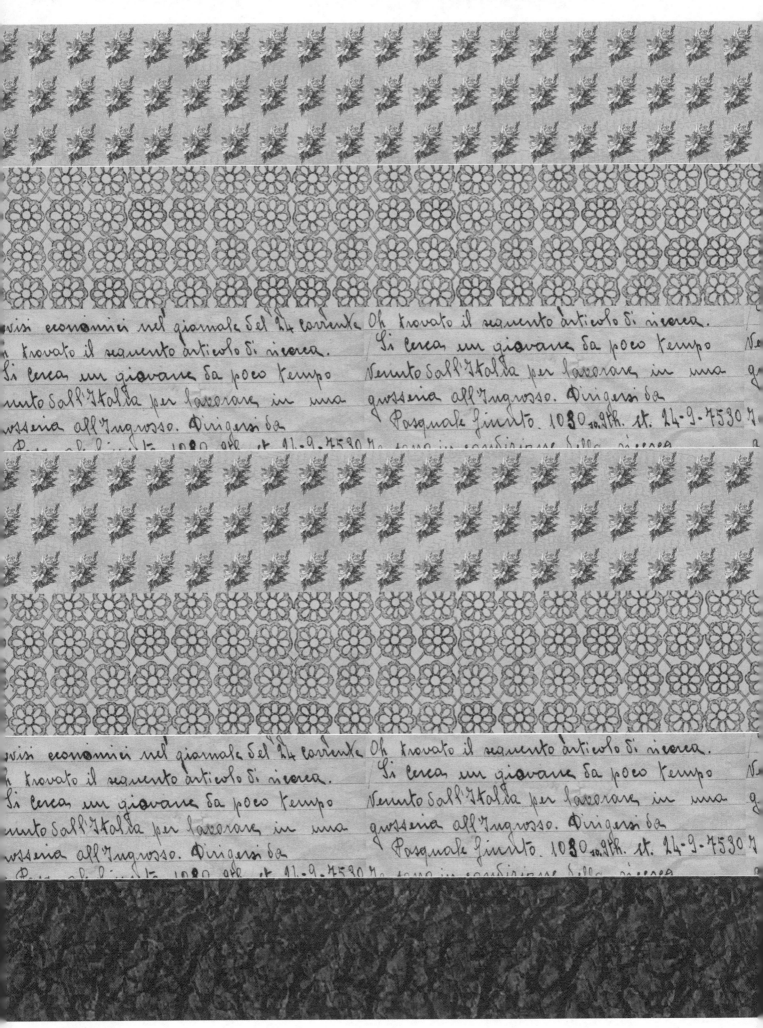

Iris Folding

in economici nel giornale del 24 corrente Oh trovato il seguento articolo di ricerca.

trovato il seguento articolo di ricerca. Si cerca un giovane da poco tempo

i cerca un giovane da poco tempo Venuto dall'Italia per lavorare in una

nto dall'Italia per lavorare in una grosseria all'Ingrosso. Dirigersi da

ssena all'Ingrosso. Dirigersi da Pasquale Finito. 1080...9th. st. 24-9-7530 Ye

Pasquale Finito. 1080...9th. st. 24-9-7530 Ye sono in condizione della ricerca

```
CDEFGHIJKLMNOPQRSTUVWXYZ1234567890abcdefghijklmn•pqr
xyzABCDEFGHIJKLMNOPQRSTUVWXYZ1234567890abcdefghijklm
stuvwxyzABCDEFGHIJKLMNOPQRSTUVWXYZ1234567890abcdefgh
n•pqrstuvwxyzABCDEFGHIJKLMNOPQRSTUVWXYZ1234567890abc
ijklmn•pqrstuvwxyzABCDEFGHIJKLMNOPQRSTUVWXYZ123456783
defghijklmn•pqrstuvwxyzABCDEFGHIJKLMNOPQRSTUVWXYZ1283
90abcdefghijklmn•pqrstuvwxyzABCDEFGHIJKLMNOPQRSTUVWX
4567890abcdefghijklmn•pqrstuvwxyzABCDEFGHIJKLMNOPQRS
YZ1234567890abcdefghijklmn•pqrstuvwxyzABCDEFGHIJKLMNI
TUVWXYZ1234567890abcdefghijklmn•pqrstuvwxyzABCDEFGH
```

i economici nel giornale del 24 corrente Oh trovato il seguento articolo di ricerca. Si cerca un giovane da poco temp

trovato il seguento articolo di ricerca. Si cerca un giovane da poco tempo Venuto dall'Italia per lavorare in u

cerca un giovane da poco tempo Venuto dall'Italia per lavorare in una grosseria all'Ingrosso. Dirigersi da

to dall'Italia per lavorare in una grosseria all'Ingrosso. Dirigersi da Pasquale Finito. 1080...9th. st. 14-9-

ena all'Ingrosso. Dirigersi da Pasquale Finito. 1080...9th. st. 14-9-7530 Ye sono in condizione della ricerca

asquale Finito. 1080...9th. st. 14-9-7530 Ye sono in condizione della ricerca arrivato dall'Italia il 14 del mese scar

no in condizione della ricerca arrivato dall'Italia il 14 del mese scarso fretto a Williamsport. Pa. E lavoro

vato dall'Italia il 14 del mese scorso fretto a Williamsport. Pa. E lavoro 50e allora Ma se loro in assi

```
CDEFGHIJKLMNOPQRSTUVWXYZ1234567890abcdefghijklmn•pqr
xyzABCDEFGHIJKLMNOPQRSTUVWXYZ1234567890abcdefghijklm
stuvwxyzABCDEFGHIJKLMNOPQRSTUVWXYZ1234567890abcdefgh
n•pqrstuvwxyzABCDEFGHIJKLMNOPQRSTUVWXYZ1234567890abc
ijklmn•pqrstuvwxyzABCDEFGHIJKLMNOPQRSTUVWXYZ123456789
defghijklmn•pqrstuvwxyzABCDEFGHIJKLMNOPQRSTUVWXYZ1234
90abcdefghijklmn•pqrstuvwxyzABCDEFGHIJKLMNOPQRSTUVWX
4567890abcdefghijklmn•pqrstuvwxyzABCDEFGHIJKLMNOPQRS
YZ1234567890abcdefghijklmn•pqrstuvwxyzABCDEFGHIJKLMNO
TUVWXYZ1234567890abcdefghijklmn•pqrstuvwxyzABCDEFGHI
```

Iris Folding

Iris Folding

si economici nel giornale del 24 corrente. Oh trovato il seguente articolo di ricerca.
trovato il seguente articolo di ricerca. Si cerca un giovane da poco tempo
cerca un giovane da poco tempo Venuto Sall'Italia per lavorare in una
nto Sall'Italia per lavorare in una grosseria all'Ingrosso. Dirigersi da
sseria all'Ingrosso. Dirigersi da Pasquale Ginnto. 1030...

```
CDEFGHIJKLMNOPQRSTUVWXYZ1234567890abcdefghijklmnopqrs
xyzABCDEFGHIJKLMNOPQRSTUVWXYZ1234567890abcdefghijklmn
stuvwxyzABCDEFGHIJKLMNOPQRSTUVWXYZ1234567890abcdefghi
no pqrstuvwxyzABCDEFGHIJKLMNOPQRSTUVWXYZ1234567890abc
ijklmno pqrstuvwxyzABCDEFGHIJKLMNOPQRSTUVWXYZ123456789
defghijklmno pqrstuvwxyzABCDEFGHIJKLMNOPQRSTUVWXYZ1234
90abcdefghijklmno pqrstuvwxyzABCDEFGHIJKLMNOPQRSTUVWXY
4567890abcdefghijklmno pqrstuvwxyzABCDEFGHIJKLMNOPQRST
YZ1234567890abcdefghijklmno pqrstuvwxyzABCDEFGHIJKLMNO
TUVWXYZ1234567890abcdefghijklmno pqrstuvwxyzABCDEFGHIJ
```

```
BCDEFGHIJKLMNOPQRSTUVWXYZ1234567890abcdefghijklmnopqr
wxyzABCDEFGHIJKLMNOPQRSTUVWXYZ1234567890abcdefghijklm
rstuvwxyzABCDEFGHIJKLMNOPQRSTUVWXYZ1234567890abcdefgh
mno pqrstuvwxyzABCDEFGHIJKLMNOPQRSTUVWXYZ1234567890abc
hijklmno pqrstuvwxyzABCDEFGHIJKLMNOPQRSTUVWXYZ12345678
cdefghijklmno pqrstuvwxyzABCDEFGHIJKLMNOPQRSTUVWXYZ123
890abcdefghijklmno pqrstuvwxyzABCDEFGHIJKLMNOPQRSTUVWX
3456789 0abcdefghijklmno pqrstuvwxyzABCDEFGHIJKLMNOPQRS
XYZ1234567890abcdefghijklmno pqrstuvwxyzABCDEFGHIJKLMN
STUVWXYZ1234567890abcdefghijklmno pqrstuvwxyzABCDEFGHI
NOPQRSTUVWXYZ1234567890abcdefghijklmno pqrstuvwxyzABCD
```

si economici nel giornale del 24 corrente. Oh trovato il seguente articolo di ricerca.
trovato il seguente articolo di ricerca. Si cerca un giovane da poco tempo
cerca un giovane da poco tempo Venuto Sall'Italia per lavorare in una
nto Sall'Italia per lavorare in una grosseria all'Ingrosso. Dirigersi da
sseria all'Ingrosso. Dirigersi da Pasquale Ginnto. 1030...

```
CDEFGHIJKLMNOPQRSTUVWXYZ1234567890abcdefghijklmnopqr
xyzABCDEFGHIJKLMNOPQRSTUVWXYZ1234567890abcdefghijklm
stuvwxyzABCDEFGHIJKLMNOPQRSTUVWXYZ1234567890abcdefgh
nopqrstuvwxyzABCDEFGHIJKLMNOPQRSTUVWXYZ1234567890abc
ijklmnopqrstuvwxyzABCDEFGHIJKLMNOPQRSTUVWXYZ12345678
defghijklmnopqrstuvwxyzABCDEFGHIJKLMNOPQRSTUVWXYZ123
90abcdefghijklmnopqrstuvwxyzABCDEFGHIJKLMNOPQRSTUVWX
4567890abcdefghijklmnopqrstuvwxyzABCDEFGHIJKLMNOPQRS
YZ1234567890abcdefghijklmnopqrstuvwxyzABCDEFGHIJKLMN
NOPQRSTUVWXYZ1234567890abcdefghijklmnopqrstuvwxyzABCD
```

Iris Folding

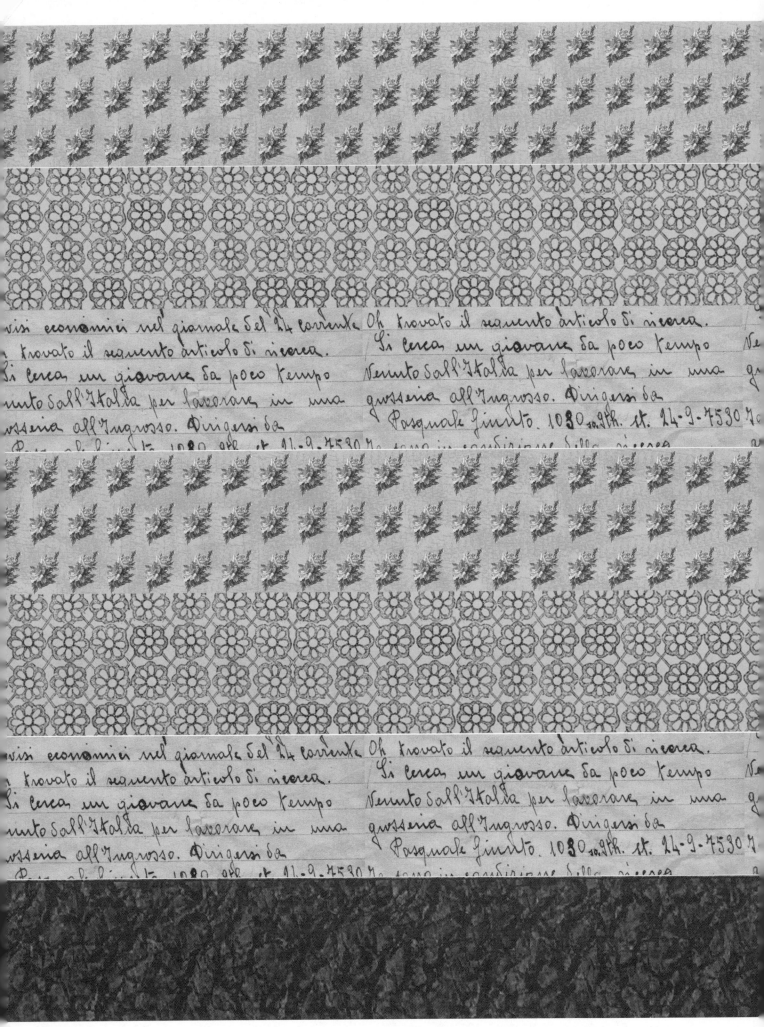

visi economici nel giornale del 24 corrente.   Oh trovato il seguente articolo di ricerca.

trovato il seguente articolo di ricerca.   Si cerca un giovane da poco tempo   Ne

Si cerca un giovane da poco tempo   Venuto dall'Italia per lavorare in una   g

unto dall'Italia per lavorare in una   grosseria all'Ingrosso. Dirigersi da

osseria all'Ingrosso. Dirigersi da   Pasquale Giusto. 1030 10.9th st. it. 24-9-7530 7.

visi economici nel giornale del 24 corrente.   Oh trovato il seguente articolo di ricerca.

trovato il seguente articolo di ricerca.   Si cerca un giovane da poco tempo   Ne

Si cerca un giovane da poco tempo   Venuto dall'Italia per lavorare in una   g

unto dall'Italia per lavorare in una   grosseria all'Ingrosso. Dirigersi da

osseria all'Ingrosso. Dirigersi da   Pasquale Giusto. 1030 10.9th. st. 24-9-7530 7.

Iris Folding

...si economici nel giornale del 24 corrente. Ho trovato il seguento articolo di ricerca.

...trovato il seguento articolo di ricerca. Si cerca un giovane da poco tempo

...cerca un giovane da poco tempo venuto dall'Italia per lavorare in una

...nto dall'Italia per lavorare in una grosseria all'Ingrosso. Dirigersi da

...sseria all'Ingrosso. Dirigersi da Pasquale Finito. 1080 m. 9th. st. 24-9-7530 Ye

Pasquale Finito. 1080 m. 9th. st. 24-9-7530 Ye sono in condizione della ricerca.

i economici nel giornale del 24 corrente. Ho trovato il seguento articolo di ricerca. Si cerca un giovane da poco tempo

trovato il seguento articolo di ricerca. Si cerca un giovane da poco tempo venuto dall'Italia per lavorare in u

cerca un giovane da poco tempo venuto dall'Italia per lavorare in una grosseria all'Ingrosso. Dirigersi da

to dall'Italia per lavorare in una grosseria all'Ingrosso. Dirigersi da Pasquale Finito. 1080 m. 9th. st. 24-9-

sena all'Ingrosso. Dirigersi da Pasquale Finito. 1080 m. 9th. st. 24-9-7530 Ye sono in condizione della ricerca.

osquale Finito. 1080 m. 9th. st. 24-9-7530 Ye sono in condizione della ricerca. arrivato dall'Italia il 14 del mese scar

no in condizione della ricerca. arrivato dall'Italia il 14 del mese scorso finetto a Williamsport. Pa. E lavoro

vato dall'Italia il 14 del mese scorso finetto a Williamsport. Pa. E lavoro 50.c allora   Ma se loro in assi

Iris Folding

Iris Folding

isi economici nel giornale del 24 corrente
trovato il seguente articolo di ricerca.
i cerca un giovane da poco tempo
into dall'Italia per lavorare in una
sseria all'Ingrosso. Dirigersi da

Oh trovato il seguente articolo di ricerca.
Si cerca un giovane da poco tempo
Venuto dall'Italia per lavorare in una
grosseria all'Ingrosso. Dirigersi da
Pasquale Ginnto. 1080...

Iris Folding

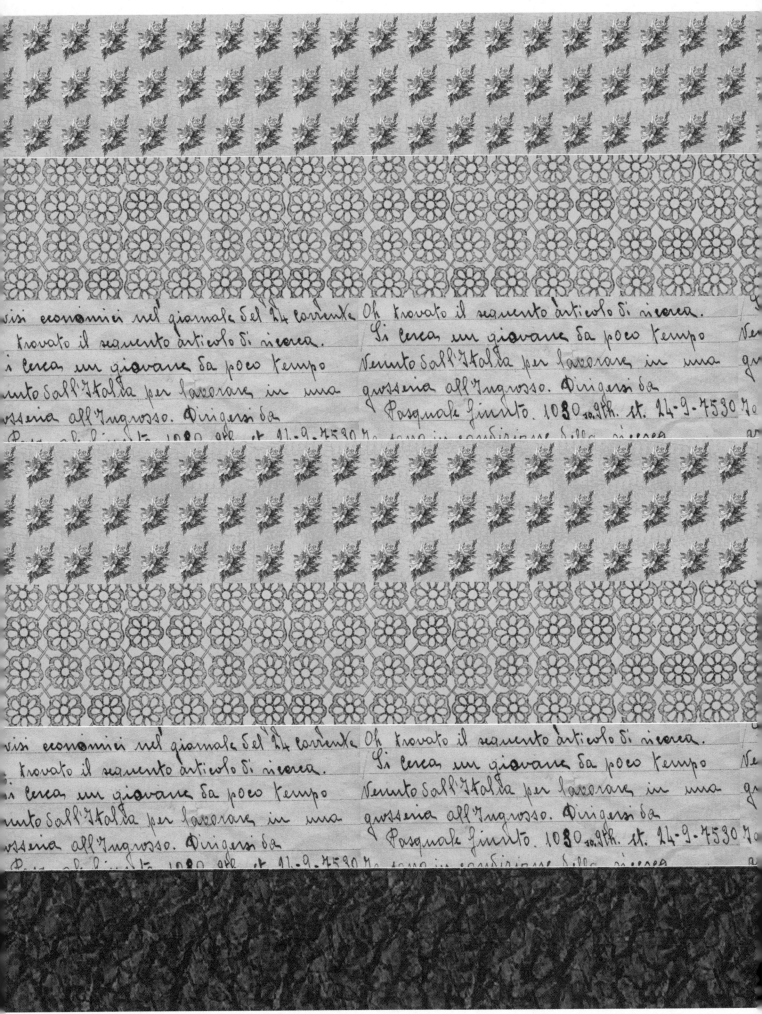

Iris Folding

visi economici nel giornale del 24 corrente. Oh trovato il seguente articolo di ricerca. Si cerca un giovane da poco tempo venuto dall'Italia per lavorare in una grosseria all'ingrosso. Dirigersi da Pasquale Finuto. 1030...9th. st. 24-9-7530 sono in condizione della ricerca, arrivato dall'Italia il 14 del mese scorso diretto a Williamsport Pa. E lavoro se allora... Ma se faro in ass...

Iris Folding

Iris Folding

Iris Folding

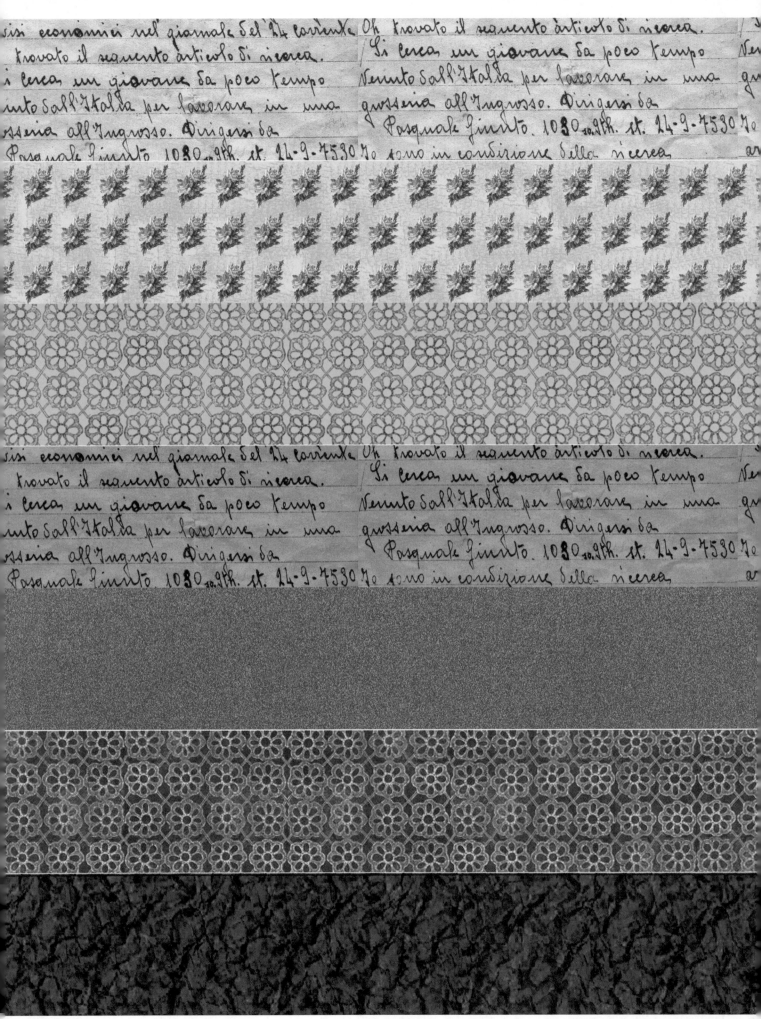

Iris Folding

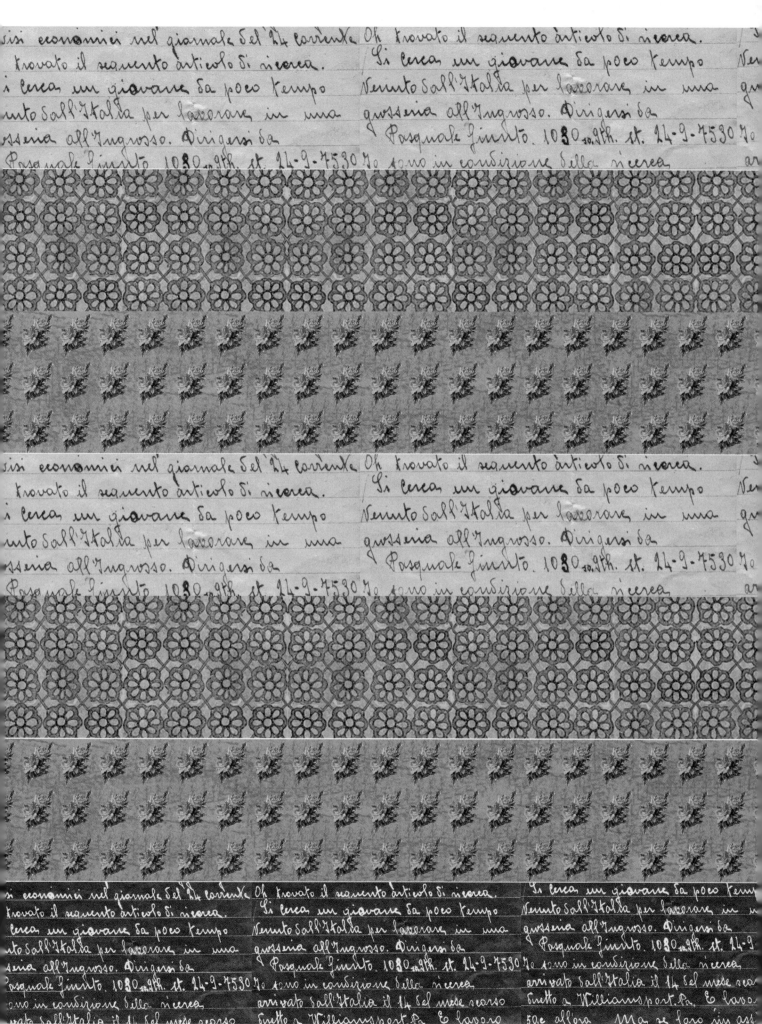

Iris Folding

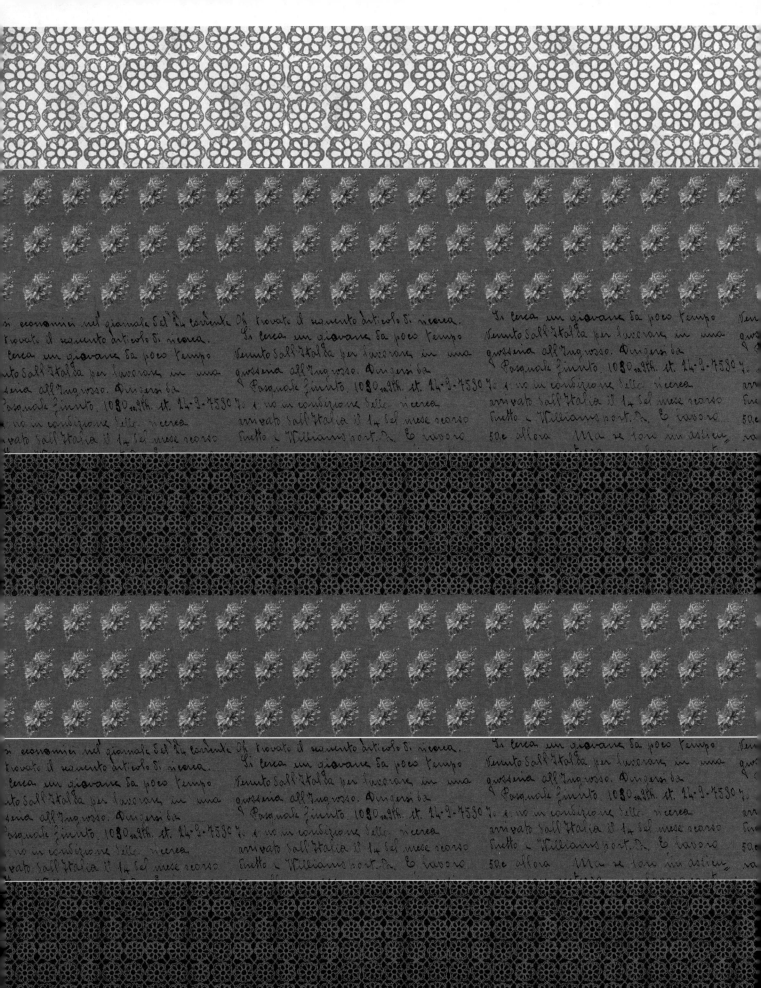

Iris Folding

Iris Folding

*visi economici nel giornale del 24 corrente.
trovato il seguente articolo di ricerca.
Si cerca un giovane da poco tempo
unto dall'Italia per lavorare in una
osseria all'Ingrosso. Dirigersi da
Pasquale Pinutò 1030..9th. st. 24-9-7530*

*Oh trovato il seguente articolo di ricerca.
Si cerca un giovane da poco tempo
Venuto dall'Italia per lavorare in una
grosseria all'Ingrosso. Dirigersi da
Pasquale Pinutò 1030..9th. st. 24-9-7530
Io sono in condizione della ricerca*

Iris Folding

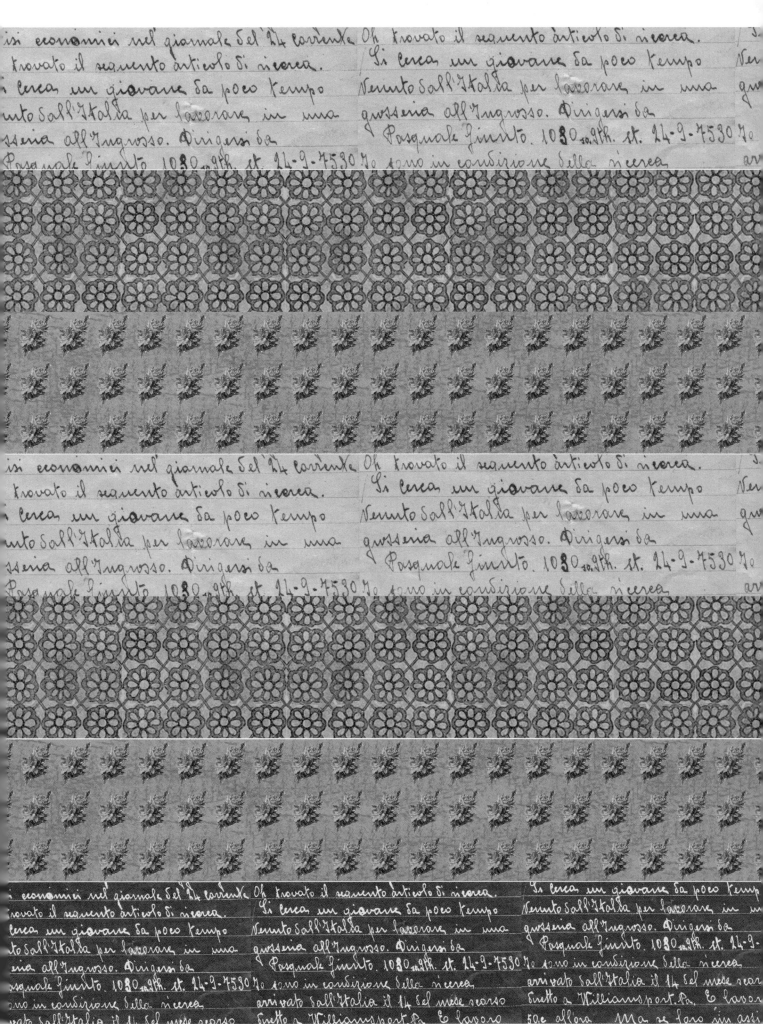

Iris Folding

Iris Folding

avvisi economici nel giornale del 24 corrente. Ho trovato il seguente articolo di ricerca. Si cerca un giovane da poco tempo venuto dall'Italia per lavorare in una grosseria all'Ingrosso. Dirigersi da Pasquale Finito. 1030 29th st. 14-9-7530. Io sono in condizione della ricerca, arrivato dall'Italia il 14 del mese scorso. Giunto a Williamsport. Pa. E lavoro 50c all'ora. Ma se faro in assicurano con certezza, un lavoro continuo e poterlo resistere per molto tempo.

Iris Folding

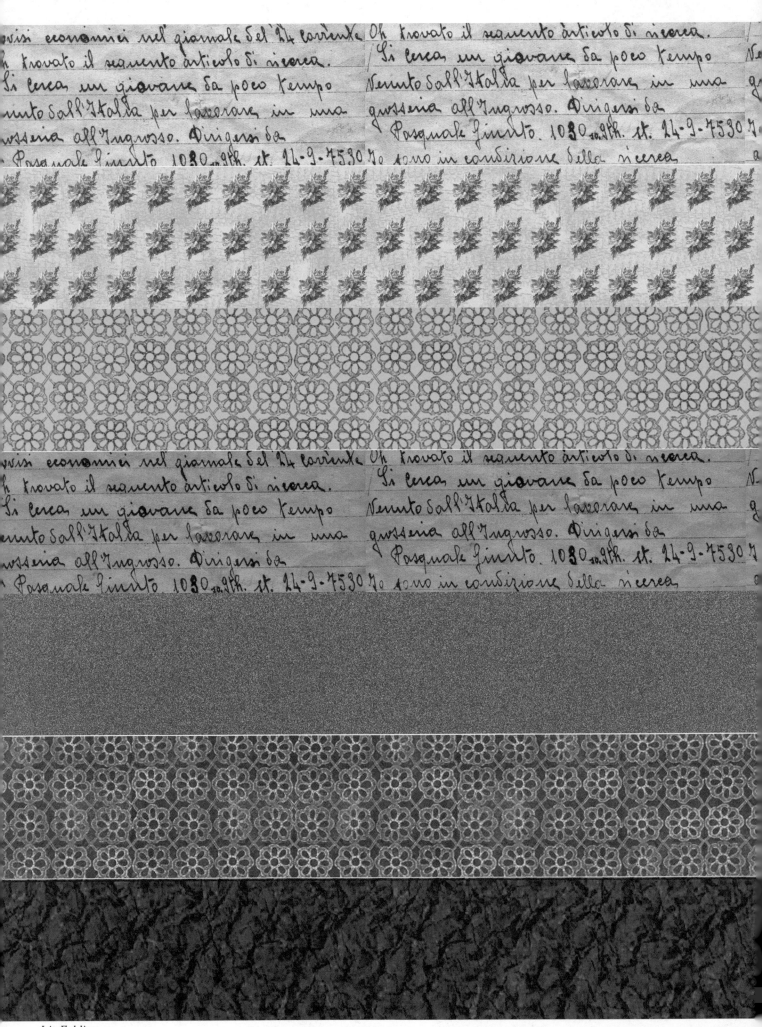

Iris Folding

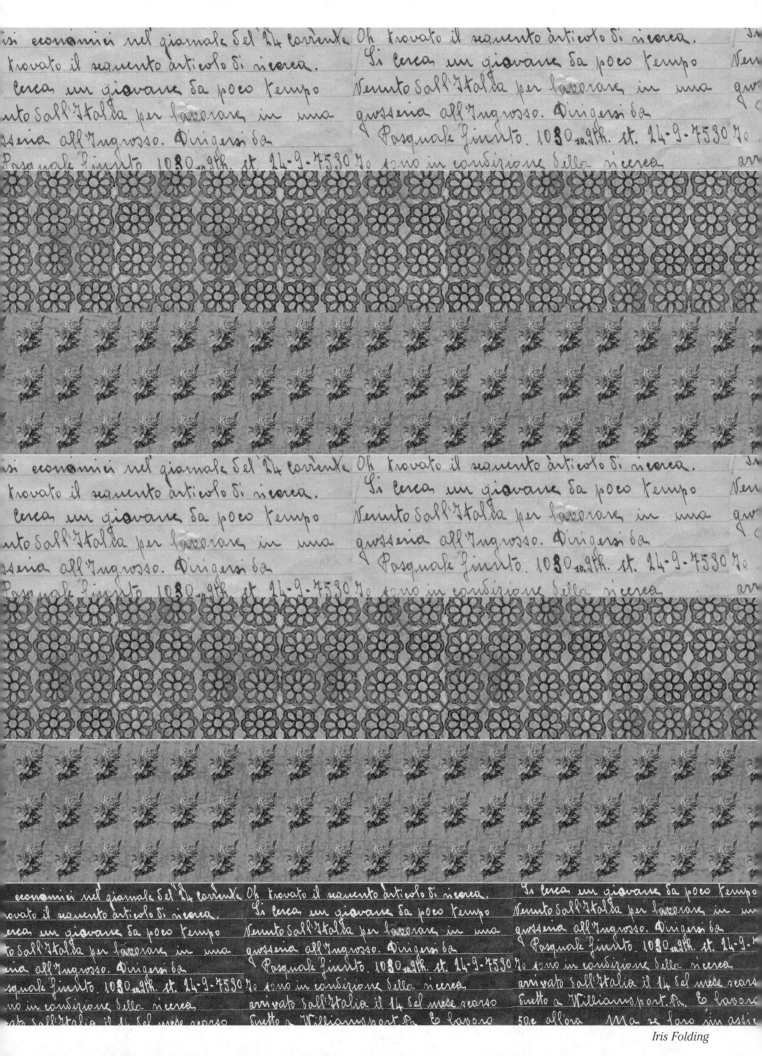

Iris Folding

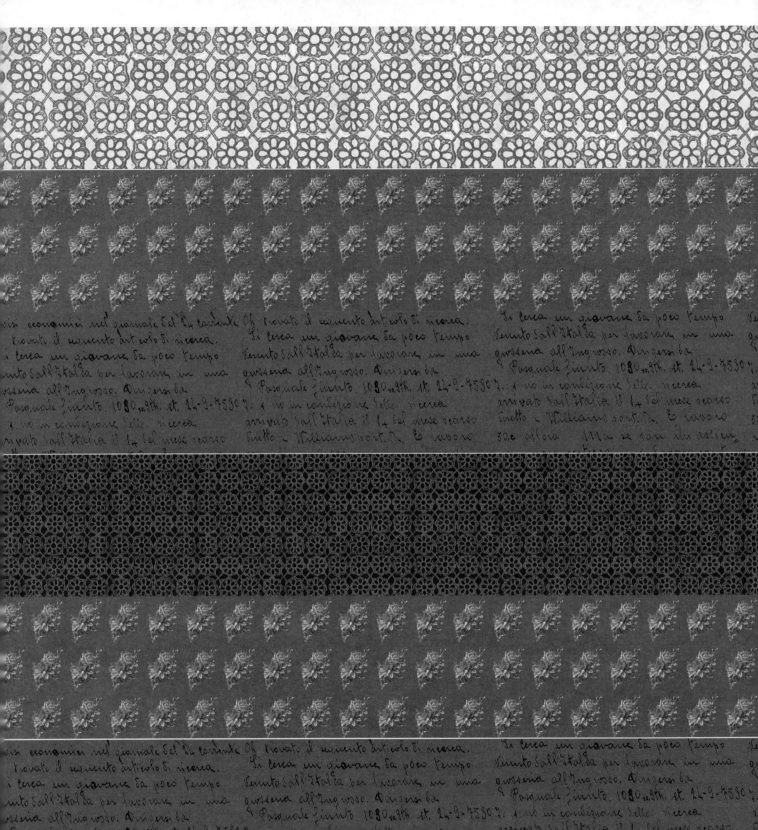

Iris Folding